CON GRIN SU CONOCIMIENTOS VALEN MAS

Ennio Prada Madrid

Mototaxismo en Neiva: Alternativa Ingeniosa del Opita o producto de un desarrollo económico decadente.

GRIN Verlag

Bibliografische Information der Deutschen Nationalbibliothek:

Die Deutsche Bibliothek verzeichnet diese Publikation in der Deutschen National-bibliografie; detaillierte bibliografische Daten sind im Internet über http://dnb.d-nb.de/ abrufbar.

Dieses Werk sowie alle darin enthaltenen einzelnen Beiträge und Abbildungen sind urheberrechtlich geschützt. Jede Verwertung, die nicht ausdrücklich vom Urheberrechtsschutz zugelassen ist, bedarf der vorherigen Zustimmung des Verla-ges. Das gilt insbesondere für Vervielfältigungen, Bearbeitungen, Übersetzungen, Mikroverfilmungen, Auswertungen durch Datenbanken und für die Einspeicherung und Verarbeitung in elektronische Systeme. Alle Rechte, auch die des auszugsweisen Nachdrucks, der fotomechanischen Wiedergabe (einschließlich Mikrokopie) sowie der Auswertung durch Datenbanken oder ähnliche Einrichtungen, vorbehalten.

Imprint:

Copyright © 2014 GRIN Verlag GmbH
Druck und Bindung: Books on Demand GmbH, Norderstedt Germany
ISBN: 978-3-656-74096-4

This book at GRIN:

http://www.grin.com/es/e-book/279646/mototaxismo-en-neiva-alternativa-ingeniosa-del-opita-o-producto-de-un

GRIN - Your knowledge has value

Der GRIN Verlag publiziert seit 1998 wissenschaftliche Arbeiten von Studenten, Hochschullehrern und anderen Akademikern als eBook und gedrucktes Buch. Die Verlagswebsite www.grin.com ist die ideale Plattform zur Veröffentlichung von Hausarbeiten, Abschlussarbeiten, wissenschaftlichen Aufsätzen, Dissertationen und Fachbüchern.

Visit us on the internet:

http://www.grin.com/

http://www.facebook.com/grincom

http://www.twitter.com/grin_com

Mototaxismo en Neiva: Alternativa Ingeniosa del Opita o producto de un desarrollo económico decadente.

Ennio Prada Madrid

1. INTRODUCCIÓN

El presente ensayo procura mostrar el panorama general de la incidencia del mototaxismo en la ciudad de Neiva como un problema social, producto del desempleo y la falta de oportunidades, para ello se presenta este fenómeno desde diferentes ópticas, identificando otros problemas asociados a esta actividad económica y relacionada con el detrimento de la adecuada convivencia social. Finalmente se intenta presentar algunas iniciativas que podrían aportar en la solución de esta compleja problemática.

Palabras Clave: Mototaxismo en Neiva, Problemática Socia en Neiva, desempleo en Neiva

2. DESARROLLO

Según un estudio para el PNUD (Observatorio del Mercado de Trabajo en Sucre, 2008) a modo general en Colombia el mototaxismo, se originó hace alrededor de una década, entre los desempleados de las zonas marginales y vertiginosamente se transformó en una importante competencia para el transporte público tradicional, debido entre otras cosas, a la prestación de un servicio "puerta a puerta" y a bajo costo.

Desde entonces, el mototaxismo como actividad económica se incorporó a la denominada "economía del rebusque". Se ha extendido a todo lo largo y ancho del país y particularmente para el caso de este ensayo a la ciudad de Neiva, convirtiéndose en una respuesta al creciente desempleo y, a su vez, en un problema social.

La forma como está definido el modelo económico de Neiva, sumado a la estructura del servicio de transporte público, sustenta y da origen al mototaxismo como problema social. Con relación a esta problemática en el gobierno de presidente Uribe se expidió el decreto 2961 de 2006. No obstante en términos de Ardila (Ardila, Arturo, 2006), el hecho de prohibir por decreto el mototaxismo es una acción que lo frenará por un tiempo pero no lo extinguirá.

El motivo fundamental por el cual no desaparecerá es precisamente por la falta de alternativas de empleo, incluso los mototaxistas se están movilizando políticamente para legalizar su negocio (El Tiempo , 2013), pues se han realizado varios modelos de proyectos de ley en este sentido.

De forma paralela, los empresarios del transporte colectivo y los propietarios de los autobuses están divididos ya que cada subsector hala para su lado.

La personería municipal de Neiva ha expresado abiertamente (Tu Semanario, 2012) que la problemática del mototaxismo en la ciudad es preocupante pues no hay ningún tipo de control por parte de las autoridades, para prevenir esta situación, también se ha expresado que la proliferación del mototaxismo ha incrementado los índices de accidentalidad, de acuerdo con la información de la Secretaría de Tránsito Municipal

Incluso desde los análisis sociales que efectúa la personería municipal de Neiva se ha concluido que el mototaxismo está estrechamente relacionado con la inseguridad, el desorden en el transporte público y la falta de cultura para respetar las señales de tránsito.

Esta problemática en Neiva llevo a la necesidad de establecer una mesa técnica de trabajo entre la Alcaldía Municipal y representantes de este gremio ilegal (Opanoticias, 2013), de los puntos más importantes a establecer en esta mesa estaba la necesidad de que se haga un Censo de la población real ejerciendo el mototaxismo en la ciudad, para que haya una solución convenida en beneficio de las partes. Igualmente se propuso que las organizaciones gremiales de motos tengan prioridad y ejerzan como medios de control y organización en la ciudad, medida que limitará la inclusión y favorabilidad de los acuerdos con quienes ejercen de forma clandestina.

No obstante lo anterior, parecen metas irrisorias, pues ninguna apunta a solucionar el problema de fondo, o es que acaso se puede afirmar que con un censo se podrán identificar todos los mototaxistas de la ciudad, teniendo en cuenta que cada día más personas adquieren una moto con esta finalidad, pues no se encuentra más opción laboral.

De otra parte está la complejidad asociada a que las organizaciones gremiales, pues al estar conformadas por la ilegalidad, el supuesto de acabar con el mototaxismo por esta vía es aún más famélico, ya que la agremiación podría constituir esquemas de mensajería, seguridad privada, pero definitivamente no trasporte urbano de pasajeros, por lo menos en el marco legal Colombiano.

Después de haber planteado en los párrafos anteriores que el mototaxismo es una realidad, que es un fenómeno social, no solo en Neiva sino a nivel Nacional, queremos plantear que una solución a corto plazo es imposible, incluso el pensar en mediano plazo es ser muy ambiciosos, para darle más fuerza a nuestro planteamiento y ser contundentes en la argumentación primero observaremos el estado económico de Neiva en cuanto a su desarrollo industrial, para nadie es un secreto que el desarrollo industrial es precario, la gran mayoría de empresas corresponden a PYMES, al existir pocas ofertas de trabajo los niveles de pobreza se incrementan así como de delincuencia y sin ingresos económico sostenible para las familias de bajos recursos, las opciones de capacitación profesional se limitan y se entra nuevamente al siguiente círculo viciosos:

Falta de Educación + Falta de oportunidad de empleo = Alternativas del rebusque.

Después de comprender lo anterior, queda claro que los verdaderos problemas sociales de fondo, son la falta de educación y capacitación profesional y que el mototaxismo es la una respuesta natural entre muchas más, a lograr obtener ingresos por la vía de la ilegalidad.

Es por esto que reiteramos fehacientemente, que la eliminación del mototaxismo en Neiva, es un proyecto a largo plazo, donde primero se deben solucionar los problemas de empleo y capacitación de la población, pues por mas mesas de diálogo y disertaciones, la situación siempre será la misma, las familias necesitan un pan en la mesa y para tenerlo tomaran las medidas necesarias, afianzándolas como una alternativa Ingeniosa en una economía decadente.

3. CONCLUSIONES

- El mototaxismo, es una actividad de trabajo, de transporte pero tiene que regularse y orientarse, mediante la definición de una política pública que ayude a mejorar esta situación y esta política debe estar fundamentada en soluciones de capacitación profesional y disminuir el desempleo.
- La ausencia de suficientes empresas competitivas en Neiva y más importante la falta de políticas públicas para ayudar a crearlas generan una pobreza perenne, un bajo crecimiento del ingreso real, y un alto desempleo, estos aspectos fomentan el mototaxismo.

- El mototaxismo no es una problemática sino una respuesta a la falta de acceso laboral

- La actividad de mototaxismo al ser realizada en la ilegalidad se presta para ser aprovechada para perpetrar crímenes de alto impacto social asociados a la inseguridad reflejada en robo armado y violaciones por personas que dicen realizar esta actividad.

Bibliografía

Ardila, Arturo. (25 de Septiembre de 2006). *El mototaxismo: causas y posibles soluciones.* Recuperado el 4 de Septiembre de 2013, de http://www.voltairenet.org/article143679.html

El Tiempo . (5 de Septiembre de 2013). *Mototaxistas de Neiva crearon cooperativa que reúne más de 30 asociados.* Recuperado el 6 de Septiembre de 2013, de http://m.eltiempo.com/colombia/mototaxistas-de-neiva-crearon-cooperativa-que-reune-mas-de-30-asociados/7208130/home

Observatorio del Mercado de Trabajo en Sucre. (2008). *Estudio del Mototaxismo.* Recuperado el 4 de Septiembre de 2013, de http://www.cecar.edu.co/publicaciones/docs/Estudio_Mototaxismo.pdf

Opanoticias. (2 de Abril de 2013). *Alcalde Suárez concertará alternativas al mototaxismo en Neiva.* Recuperado el 5 de Septiembre de 2013, de http://www.opanoticias.com/local/alcalde-suarez-concertara-alternativas-al-mototaxismo-en-neiva_18037

Tu Semanario. (21 de Diciembre de 2012). *Preocupante el mototaxismo en Neiva.* Recuperado el 4 de Septiembre de 2013, de http://www.tusemanario.com/noticia/preocupante-el-mototaxismo-en-neiva_6701#.UibqJHRZjIU